VICTOR GRANVILLE

La Condamnation

DU

Général BOULANGER

Moralité du procès. — Les Témoignages. — Le
Complot et l'Attentat. — La Participation du
Général, d'Henri Rochefort et du Comte
Dillon. — La caisse du Complot. —
L'embauchage. — La Concussion
L'Affaire des Tablettes de café
et des épaulettes. —
Conclusions

PARIS

ÉDITION DES *JOURNAUX D'ARRONDISSEMENT*
6, RUE VIVIENNE, 6, (Galerie Vivienne)

—

1889

LA CONDAMNATION

DU

Général **BOULANGER**

VICTOR GRANVILLE

La Condamnation

DU

Général BOULANGER

Moralité du procès. — Les Témoignages. — Le Complot et l'Attentat. — La Participation du Général, d'Henri Rochefort et du Comte Dillon. — La caisse du Complot. — L'embauchage. — La Concussion L'Affaire des Tablettes de café et des épaulettes. — Conclusions

PARIS

ÉDITION DES *JOURNAUX D'ARRONDISSEMENT*
6, RUE VIVIENNE, 6, (Galerie Vivienne)
—
1889

LA
CONDAMNATION DU GÉNÉRAL BOULANGER

PREMIÈRE PARTIE
La moralité du Procès

I

JEAN PIERRE ET JACQUES BONHOMME

Jean Pierre et Jacques Bonhomme forment ce qu'on peut appeler une bonne paire d'amis. La politique seule met parfois un nuage dans leurs relations. Le premier est un anti-boulangiste ardent; l'autre, au contraire, a pour le créateur et le chef du Parti National, une profonde sympathie :

— Eh ! bien, dit l'autre jour Jean Pierre à Jacques Bonhomme, j'espère que cette fois il est nettoyé, ton général. Le voilà inéligible, condamné à la déportation dans une enceinte fortifiée et, de plus, déshonoré à jamais.

— Je ne suis certes pas de ton avis, répondit Jacques Bonhomme. Le général Boulanger vient d'être, en effet, frappé par le Sénat dont il n'avait cessé de réclamer la suppression ; mais ceux qui se sont constitués ses juges étaient ses ennemis personnels ou ses adversaires politiques. Or, un député opportuniste nommé Dupuy n'a-t-il pas eu, jadis, la brutale franchise d'avouer en pleine Chambre « qu'en politique il n'y pas de justice » ? Le verdict de la Haute-Cour est donc un acte de vengeance et de parti-pris, c'est-à-dire qu'il est sans portée.

« Vois-tu, Jean Pierre, il y a eu un complot c'est vrai, mais ce n'est pas celui qu'on pense. Il a été tramé par les opportunistes, contre le général Boulanger. Le récent procès en est le dernier acte.

Déja, quand le général Boulanger occupait le poste de minis

tre de la guerre, Jules Ferry et ses amis s'étaient inquiétés de sa popularité naissante. Il les gênait. C'est pour cela qu'ils cherchèrent à le renverser. Ils y parvinrent, grâce à l'alliance avec les pseudo-radicaux et ils l'envoyèrent en disgrâce à Clermont-Ferrand. Puis, cette disgrâce ne leur suffisant plus, ils brisèrent dans sa main, l'épée dont il s'était servi pour défendre la France sur les champs de bataille. Ils osèrent le chasser de l'armée, lui contre lequel on ne pouvait articuler que le grief d'avoir relevé le moral du soldat et complété l'œuvre militaire — patrimoine sacré de la Patrie — en dotant l'armée du fusil Lebel.

Peu de temps auparavant, ils avaient essayé déjà de le déshonorer en soulevant l'affaire des décorations dans laquelle on espérait le compromettre. Mais cette manœuvre n'avait pu aboutir et le scandale s'était retourné contre ceux-mêmes qui l'avaient soulevé ou qui avaient tout au moins laissé faire.

Rendu à la vie civile, devenu simple citoyen, le général fut élu par de nombreux départements. Le suffrage universel le vengeait des persécutions gouvernementales. Le nouveau député sur le nom duquel s'étaient comptés, dans les élections partielles, plus d'un milion d'électeurs, s'attacha à briser les vieux cadres du parti républicain impuissant ; il démasqua les tripoteurs louches qui tiennent le pouvoir ; il disloqua l'opportunisme et jeta, enfin, les bases de la République honnête à laquelle il amena d'innombrales partisans. Un vent d'entente et de pacification souffla sur la France. Le parti revisionniste était fondé, et la revision semblait proche — cette revision indispensable d'une constitution réactionnaire et despotique avec laquelle aucune des réformes réclamées depuis si longtemps par le pays n'était à espérer.

Alors, les opportunistes se virent perdus et s'affolèrent. Ils comprirent que bientôt il leur faudrait rendre un compte sévère des hécatombes du Tonkin, où périrent nos troupiers et où s'engloutit inutilement notre argent ; rendre compte aussi du déficit de notre budget, de la ruine de nos finances, de la progression sans cesse croissante des impôts, de la crise commerciale créée par leurs négligences et de la misère publique dont il se sont fait des rentes..

Ils commencèrent par bâillonner le suffrage universel, après avoir vainement essayé de le tromper et pour cela ils votèrent le rétablissement du scrutin d'arrondissement, puis l'odieuse loi sur les candidatures multiples — cette loi qu'un ancien ministre, M. Goblet, a appelée loi de panique. Ce n'est pas moi qui le lui ai fait dire.

Et tout cela, parce qu'il craignaient l'arrivée du général Boulanger et de ses amis aux affaires.

La loi sur les candidatures multiples permettait cependant encore au chef du Parti national d'être élu à Paris et son élection, à une formidable majorité, ne faisait de doute pour personne, surtout pour ses ennemis. Il s'agissait de le rendre inéligible. Mis en goût, **et se croyant** tout permis, les opportunistes firent enfin au général et à ses principaux lieutenants ce procès monstrueux, qui a rendu ceux-ci inéligibles, mais qui n'est nullement parvenu à les déshonorer.

— Il y a peut-être, du vrai, Jacques Bonhomme, dans ce que tu viens de me dire. Cependant, tu ne pourrais nier qu'au cours de son réquisitoire, M. Q. de Beaurepaire n'ait articulé des faits précis; qu'il ait démontré, notamment, que le général Boulanger n'est pas seulement un conspirateur qui veut renverser la République, mais aussi un concussionnaire, un traître et un voleur, qui a dilapidé le trésor de la défense nationale. Le général a pu être jadis un brave et loyal soldat, mais il me semble avoir bien changé.

— Pardon ! ce sont là des articulations sans fondement et je me charge de te le demontrer *avec preuves à l'appui*. M. Q. de Beaurepaire est un malhonnête homme, qui a chargé sa conscience d'une infamie, voilà tout.

Tu dois te rappeler les conditions dans lesquelles il été nommé Procureur général. Son prédécesseur, M. Bouchez, avait refusé de requérir contre le général Boulanger, quoi que n'étant nullement boulangiste. C'est que M. Bouchez, vois-tu, avait une conscience, lui. Les charges qui existaient contre le Général lui paraissaient insuffisantes sinon complètement nulles, et il lui répugnait d'échafauder un réquisitoire — fut-ce même contre le général Boulanger — avec des calomnies quelconques et des rapports de police, rédigés par d'abjects mouchards. Il préféra donner sa démission et briser sa carrière plutôt que de commettre la lâcheté qu'on exigeait de lui.

Pendant plusieurs jours M. Thévenet, notre ministre de la justice, tenta des démarches auprès de divers magistrats du Parquet de Paris pour leur offrir la place. Aucun n'en voulut à de pareilles conditions. Enfin il s'adressa à M. Q. de Beaurepaire qui accepta sans difficulté, servant ainsi sa répugnante ambition.

M. Q. de Beaurepaire ne tarda pas du reste à être récompensé de sa mauvaise action par le gouvernement. Au 14 juillet, on l'a nommé officier de cette légion d'honneur, dont jadis Wilson vendait la croix.

M. Q. de Beaurepaire est bien digne des magistrats qui ont acquitté Wilson.

On a acquitté Wilson et on a condamné le général Boulanger ! Voyons, Jean-Pierre, toi qui es honnête et sans parti-pris, ne trouves-tu pas que ce rapprochement soit susceptible d'inspirer de profondes réflexions et peux tu croire encore à la justice, lorsque la politique se mêle d'une affaire ?

— Entendons-nous. Je blâme le tribunal qui a acquitté Wilson, mais jusqu'à ce qu'on m'ait prouvé le contraire, je trouverai qu'on a bien fait de condamner le général Boulanger.

— Eh ! bien, je vais te prouver ce contraire. Sur quelles bases t'appuies-tu pour considérer le Général comme un coupable ? Sur les seules affirmations de M. Q. de Beaurepaire.

D'ordinaire, vois-tu, lorsqu'un procès est jugé par contumace, on ne fait pas de réquisitoire. Il semble injuste d'articuler contre des accusés absents, des charges qu'un débat contradictoire réduirait à néant. Cette fois il n'en a pas été de même, parceque « la situation était *exceptionnelle* ». C'est M. de Beaurepaire lui-même qui l'a déclaré. Tout, du reste, a été exceptionnel, dans ce procès, depuis la juridiction jusqu'au jugement. Mais, passons...

Le procureur général a donc dit tout ce qu'il a voulu. Tu as tort de prendre son réquisitoire pour paroles d'Evangile. Sache que chacune de ses allégations a été démentie par de nombreux témoignages, dont la prétendue Haute-Cour n'a pas tenu compte. Ces démentis, tu les ignores. Or, comme dit le proverbe : Qui n'entend qu'une cloche n'entend qu'un son.

Les pièces mêmes du procès, c'est-à-dire les interrogatoires recueillis par la Commission d'instruction et le résultat des perquisitions pratiquées sur son ordre, suffiraient à la défense du général Boulanger. Et cependant c'est sur ces pièces que M. de Beaurepaire a établi son accusation.

On s'est bien gardé d'en donner publiquement connaissance, car au lieu de servir l'accusation, elles la détruisent de fond en comble. Remarque bien que les journaux qui ont pu s'en procurer des extraits et qui les ont publiés sont les journaux boulangistes. Est-ce assez probant ?

Et ce que je te dis est si vrai, ami Jean Pierre, que plusieurs de ces journaux ont été poursuivis, à cause même de cette publication. Or, si ces pièces étaient accablantes, comme le dit M. de Beaurepaire, il devrait être enchanté, au contraire, qu'on leur eût donné le plus de publicité possible, et il lui serait malaisé de se plaindre que les journaux boulangistes les eussent fait connaître à leurs lecteurs.

Nous allons étudier ensemble, si tu veux m'accorder un instant d'attention, les principaux points du réquisitoire, ou plutôt du pamphlet de M. de Beaurepaire. Mais auparavant, voyons un peu quels sont les « honorables témoins » de ce magistrat, c'est-à-dire les seuls qui aient accusé le Général. Tous les autres sont plutôt ce qu'en termes judiciaires on appelle des témoins à décharge.

Commençons par le mouchard Alibert.

II

LE « MOUCHARD » ALIBERT

— Celui que tu appelles le « mouchard Alibert » est, en effet, le principal témoin de M. de Beaurepaire.

— Eh ! bien, sache que cet Alibert appartient, en qualité

d'agent secret, à la direction de la sûreté générale, depuis le départ de M. Schnerb. Paul Alibert a travaillé directement sous les ordres de M. Alapetite, ancien chef de cabinet de M. Levaillant, directeur de ce service de police.

Officier de territoriale, attaché à l'Etat-major du 3ᵉ corps, à Rouen, Alibert était spécialement chargé de surveiller ses collègues, soit au Cercle militaire de la place Vendôme, soit ailleurs. Pour cela, il recevait 500 francs par mois.

Il s'attacha plus spécialement à la surveillance de M. Martineau, boulangiste militant. Il avait sous ses ordres, pour cette sale besogne, deux agents inférieurs, l'un nommé Coste, l'autre, Dubois.

Alibert filait Martineau, lequel est officier de réserve, et il dénonçait ses camarades, qui appartenaient encore à l'armée, afin de fournir les preuves d'un complot auquel l'armée aurait prêté son concours. C'est ainsi qu'il livra à ses chefs les noms de MM. Tavol de Lavigerie, Merle, Dubord de Rigault, Nivert, etc., tous officiers de seconde ligne.

Lorsqu'il s'agit de trouver des accusations contre le général Boulanger MM. Dillon et Henri Rochefort, on eut recours à Alibert. Mais pour lui fournir des indications précises, on lui donna communication — dans un café de l'avenue Marigny, 27, tu vois, ami Jean Pierre, que je précise — des rapports adressés par les agents de la police politique aux commissaires spéciaux des gares.

Le mouchard Alibert apprit par cœur les documents envoyés par ces confrères et parvint, non sans difficulté, car sa mémoire est rebelle, à composer la déposition qu'il devait faire devant la Haute-Cour.

A la suite de sa déposition, un grand nombre d'officiers s'émurent et allèrent trouver M. le général Chanoine, président du Cercle militaire, en lui demandant de les débarrasser de cette brebis galeuse. De leur côté les officiers de l'Etat-major du 3ᵉ corps à Rouen, demandèrent au ministre que ce policier, au contact déshonorant, fût chassé de l'Etat-major.

Voilà l'homme. Voilà le « témoin honorable » qui a chargé le général Boulanger de tous les péchés d'Israël et que M. Q. de Beaurepaire a cru sur parole. Qu'en penses-tu, ami Jean-Pierre ?

— Heu !... Je pense que M. le procureur aurait pu mieux choisir sa source de renseignements et qu'en effet, les affirmations d'un pareil témoin, salarié par le ministère de l'Intérieur ; ont peu de valeur.

— Je n'en attendais pas moins de ta loyauté. Passons. maintenant, à l'espion Geissen.

III

L'ESPION GEISSEN

Geissen, né à Strasbourg, s'est engagé en 1857, après certaines mésaventures qu'il avait eues comme clerc d'huissier. Il fit la campagne d'Afrique aux zouaves et il fut cassé du grade de fourrier.

En 1870, à Strasbourg, Geissen passa pour être attaché à la police politique du préfet, qui était alors le baron Pron. On l'accusa d'avoir détourné des fonds destinés aux blessés et d'avoir touché une somme affectée à l'achat de couvertures que ses hommes n'ont jamais vues.

Plus tard, il fait la campagne contre la Commune. En 1873, *il est brusquement rayé des cadres.*

Geissen reparaît comme agent, employé au service des renseignements, aux appointements de 6.000 francs. Il étonne ses camarades par son luxe. Sa conduite paraît tellement louche à plusieurs de ses compatriotes de Strasbourg qu'ils le soupçonnent d'être un agent de l'Allemagne et qu'ils adressent contre lui, sous le ministère du général Thibaudin, une première plainte au sujet de ses agissements. Une enquête fut faite à cette époque, par les soins du colonel Vincent, chef du bureau des renseignements.

Geissen avait alors sous sa direction un certain nombre d'agents, parmi lesquels se trouvait Perrin, l'auteur du faux attentat contre le président de la République.

Il s'occupait assez peu de son métier; en revanche, les agents sous ses ordres l'accusèrent d'avoir touché des allocations qui leur étaient destinées et de les avoir gardées pour lui.

Au cours de l'instruction, le colonel Vincent, précisant ses premiers soupçons, a affirmé que Geissen était un misérable espion allemand. Et c'est à cet espion qu'on a eu recours, dans l'espoir d'accabler le général Boulanger — à cet espion qui se vante d'avoir écouté aux portes !

Puisque le nom du colonel Vincent est prononcé ici, je te rappellerai les circonstances dans lesquelles a eu lieu sa déposition, les vaines tentatives d'intimidation qu'employa M. de Freycinet à son égard pour lui faire charger son ancien supérieur, et le triste sort de cet officier qui, malgré de brillants états de service, attend toujours sa nomination au grade de général, parce qu'ayant été chargé de la direction du service de l'espionnage, au ministère de la guerre, *on sait que cette nomination déplairait à Bismark.*

Ami Jean Pierre, comment trouves-tu l'espion Geissen? Approuves-tu les procédés de subornation à l'égard des témoins et, entre parenthèses, que penses-tu de la façon dont le ministère opportuniste s'applatit devant l'Allemagne?

— Je pense que Geissen est un chenapan et que tout cela est scandaleux.

— A la bonne heure. Et maintenant, disons un mot de l'escroc Buret.

IV

L'ESCROC BURET

C'est l'escroc Buret qui a accusé le général de concussion. Or, dès le 17 juillet dernier, le frère de ce misérable, M. Adhémar Buret, 42, rue Boursault, fournissait, dans une lettre publique, « quelques douloureuses, mais nécessaires explications sur ce malheureux, tombé au rang du dernier des agents provocateurs ». Et cela afin, disait-il, de « réparer le mal que les gens qui l'ont pris à leur service, voulaient lui faire faire. »

M. Adhémar Buret, répondant par avance à M. Q. de Beaurepaire, disait notamment :

« Oui, cet homme a été trois fois condamné : mais ce qu'oublie
« de dire l'acte d'accusation, c'est que depuis quinze ans ce con-
« damné est l'ami de M. Constans.

« Bien plus, au mois de novembre dernier, il était condamné
« une quatrième fois, à six mois de prison, pour escroquerie com-
« mise au préjudice de M. Oshalmer.

« Le 13 avril, M. Constans le faisait sortir de prison et, comme
« le volé protestait, le 18 avril, M. Constans faisait payer les
« 15.000 francs escroqués, entre les mains de M. Touchet, 69, bou-
« levard Saint-Germain.

« M. Constans, il est vrai, gardait le dossier et se réservait
« ainsi d'imposer au malheureux les nouvelles infamies dont on
« veut tirer parti aujourd'hui, car toutes les accusations de pré-
« varication portées dans l'acte d'accusation sont exclusivement
« constituées sur son témoignage ».

M. Constans, du reste, dans une interview avec un rédacteur du *Soir*, journal officieux, a impudemment confirmé les affirmations de M. Adhémar Buret : « *Si je connais Buret, s'est-il écrié! Mais je ne connais que lui!* » Et plus loin, il a eu l'aplomb d'ajouter : « *Quant à Buret, il est exact que la Sûreté générale lui a favorisé les moyens de désintéresser une personne qui avait obtenu une nouvelle condamnation contre lui...* »

Moyennant sa liberté et l'argent de Constans, Buret est entré dans la police, sous les ordres de M. Dietze, commissaire spécial. Ce mouchard ne paraissait jamais au bureau de son chef. Il se rendait, le matin, dès 7 heures, à Asnières, rue de Colombes n° 11 *bis*, dans une maison de campagne occupée par M. Dietze et c'est là qu'ont été fabriqués, sans doute, les documents dont, plus tard, la Haute-Cour s'est emparé. Ce qu'il y a de certain, c'est que le commissaire de police et l'ami de Constans restaient enfermés pendant de longues heures et se livraient à une besogne mystérieuse.

Il est exact que le général Boulanger ait eu quelques relations avec ce misérable ; mais vraiment, est-on en droit de le lui reprocher? Lorsqu'on vous présente quelqu'un, pouvez-vous lui demander de vous exhiber son casier judiciaire? Le jour où le général fut éclairé sur la moralité de Buret, il le mit à la porte, à la suite d'une aventure qui a sa saveur. Ce jour-là, M. Ritt, l'un des directeurs de l'Opéra, prévint le Général que Buret s'était présenté à un de ses employés et lui avait proposé de le faire exonérer du service militaire moyennant mille francs. Le général s'indigna et le Buret fut traité comme il le méritait. L'escroc, dans sa déposition, a négligé ce... souvenir, qui doit cependant compter dans son existence.

Par contre, il prétendit avoir été mis en relations avec le général Boulanger, en 1882, par le général Thibaudin, ministre de la Guerre, et cette affirmation a été présentée par M. Q. de Beaurepaire. aux sénateurs, sans aucun contrôle. Or, en 1882, le général Thibaudin ne connaissait pas le général Boulanger. De plus, il était à Perpignan, ainsi qu'il l'a déclaré dans un de ces démentis dont M. de Beaurepaire s'est bien gardé de tenir compte. Tu vois, par ce simple fait, ce que valent les affirmations de ce personnage. Mais tu en verras bien d'autres tout à l'heure, ami Jean Pierre.

La vérité, c'est que Buret a été l'ami de Constans, plutôt que celui du Général. Déjà, sous le Mac-Mahonnat, Constans présentait « son ami Buret » à M. Teisserenc de Bord, ministre du Commerce. En 1879, nous les trouvons engagés dans une affaire de signaux, qu'ils cherchent à faire adopter par les chemins de fer de l'Etat. Plus tard, Buret se fait autoriser par son ami Constans à ouvrir un cercle au n° 104 de la rue de Richelieu... et ainsi de suite.

Il est notoire que Buret a entretenu avec MM. Clémenceau, Granet et beaucoup d'autres, des relations bien plus étroites qu'avec le Général, auquel deux députés l'avaient présenté. Quelques-uns, comme MM. Constans et Fallières, originaires du même pays. connaissaient seuls ses antécédents et ils sont sans excuse. Les autres ne savaient rien et ils acceptaient Buret, comme, à Paris, on accepte beaucoup de gens. Tel est le cas du général Boulanger. Et c'est avec le témoignage acheté de cet infâme gredin. de ce repris de justice, dont la fameuse Commission des Neuf a osé accepter le serment, qu'on est parvenu, après de longues semaines de travail, à bâtir une accusation monstrueuse.

Faut-il te parler des autres témoins de M. Q. de Beaurepaire? Est-il nécessaire, comme je l'ai fait pour Alibert, Geissen
et Buret, de t'esquisser une biographie de l'agent Victor G...,
qui depuis 1880, appartient au ministère de l'Intérieur? C'est
inutile n'est-ce pas?

— Tout à fait inutile, Jacques Bonhomme. Tu m'as démontré
suffisamment que les boulangistes ont raison quand ils disent
que l'accusation a été recruter ses témoins dans les bas-fonds de
la police et même des prisons. Mais cela ne prouve pas que ce
qu'ils ont dit soit faux, c'est-à-dire que le général Boulanger soit
innocent.

— Nous y arrivons, ami Jean Pierre. Un peu de patience.
Reprenons le réquisitoire. Il relève contre le général Boulanger
et ses amis, trois principaux chefs d'accusation : le complot
l'attentat, et la concussion. Commençons par le complot.

DEUXIEME PARTIE

Le complot

—

I

LA PARTICIPATION DU GÉNÉRAL

Nous n'aurons pas à nous étendre bien longuement sur cette accusation ridicule de complot, portée par M. Q. de Beaurepaire contre d'honnêtes républicains, qui n'ont jamais laissé échapper une occasion d'affirmer leur amour pour la République. Elle ne tient pas debout et il suffirait de relire sans parti pris le réquisitoire lui-même pour s'en assurer.

T'imaginerais-tu, par exemple, ami Jean Pierre, Henri Rochefort, qui a démoli l'Empire ; Henri Rochefort qui a souffert l'exil, la prison et même le bagne pour la République, travaillant soudain au renversement d'un régime pour lequel il n'a cessé de combattre depuis qu'il manie une plume ?

M. Q. de Beaurepaire a dû parler longtemps pour essayer de donner un peu de vraisemblance à son affirmation ; mais il me suffira de prendre au hasard quelques-uns des démentis qu'il s'est attirés, pour renverser son argumentation.

Négligeons les injures par lesquelles débute le réquisitoire, et laissons le Procureur s'escrimer à montrer que dès son séjour à Tunis, le Général n'était entouré que d'escrocs et de repris de justice. Si c'était vrai, on ne l'aurait pas nommé plus tard ministre de la Guerre c'est-à-dire chef de l'armée.

Arrivons au premier fait précis articulé par ce magistrat fantaisiste : « Dans le but d'augmenter sa popularité, dit M. Q. de Beaurepaire, *il* envoya un de ses agents de propagande (?) nommé Hentz, à l'imprimeur du *Bulletin militaire officiel*, M. Baudoin, pour le prier d'insérer dans son journal, son portrait qu'on enverrait par la poste. C'était une fraude à laquelle M. Baudoin refusa de se prêter ; il en fut puni par une disgrâce immédiate et le *Bulletin militaire* lui fut retiré pour être confié à un imprimeur de Limoges, M. Lavauzelle ».

Ce fait avait déjà été démenti par le Général qui n'a jamais connu ce sieur Hentz, son agent (?) ; mais, depuis, M. Lavauielle, l'imprimeur de Limoges, a fait également justice de cette calomnie en rappelant que la concession du *Bulletin militaire* lui avait été octroyée à la suite d'une adjudication régulière et de son rabais, qui était le plus considérable, et non par une faveur quelconque.

Que reste-il, après la lettre de M. Lavauzelle, de cette première charge contre le général ? Rien.

Je ne m'amuserai pas à suivre le Procureur dans les histoires de brigands qu'il lui a plu de conter ensuite et qui, pas plus que l'affaire Lavauzelle-Baudoin, n'avaient rien à voir avec le prétendu complot. L'ineffable magistrat les a, du reste, réduites à leur juste valeur, en avouant qu'il les tenait de la police.

Et c'était, ami Jean Pierre, un spectacle bien écœurant que celui que présentaient les vieillards du Luxembourg, écoutant avec délices les œuvres inédites de ces *auxiliaires avoués*, comme M. Q. de Beaurepaire avait désigné les mouchards de la sûreté de M. Constans.

M. Q. de Beaurepaire, non content de mentir et de calomnier, n'hésite pas à s'attaquer à l'honneur de femmes respectables, de mères de famille dont l'intervention lui parait utile à sa mauvaise cause. Tous les moyens lui semblent bons pour atteindre le résultat qu'il poursuit : salir le Général, le déshonorer si possible.

Dans son réquisitoire écrit, il avait accusé le Général de s'être emparé d'une somme de 30,000 francs, mise à part, et de l'avoir détournée à son profit. Le Général démontra sans peine que les trente-deux mille — et non trente mille francs — dont il s'agissait, avaient été utilisés pour la défense nationale. Et il le prouva en publiant un reçu de cette somme, signé par un des meilleurs agents que la France ait jamais utilisés à l'Etranger : M. de Mondion. C'est notamment M. de Mondion qui a amené la paix avec la Chine et la rupture de l'alliance russo-allemande, et tous les ministres de la Guerre ou des Affaires Etrangères, comme MM. le général Ferron, Goblet, Freycinet et même Jules Ferry l'ont employé.

Les 32,000 francs avaient servi à rémunérer diverses missions, remplies par lui en Allemagne et en Belgique !

M. Q. de Beaurepaire, un peu embarrassé par cette pièce convaincante, cherche à se tirer d'affaire en calomniant M. de Mondion comme il calomnie tous les témoins qui le gênent. Après avoir assimilé l'honorable M. de Mondion aux escrocs « qui formaient l'entourage du Général », le Procureur avance qu'il avait pour maîtresse une dame Meilhan, espionne salariée par l'Allemagne et condamnée à cinq ans de prison pour proxénétisme :

Une dame Moret, dit-il, qui recevait la correspondance de M. de Mondion et de Mme Meilhan, a reconnu que le reçu des 32,000 francs émanait, non de M. Mondion, mais de

Mme Meilhan et que le premier l'aurait porté, quelques jours avant le procès, à Londres, d'où il serait revenu couvert d'or.

Or, autant Q. de Beaurepaire a prononcé de paroles, autant il a dit de mensonges, et je ne mentionne cette fable odieuse et grossière qu'à titre de simple curiosité :

1° Mme Moret, dans une lettre adressée le 12 août à M. de Beaurepaire, a nié le langage qu'il lui a attribué.

2° Mme Moret nie avoir jamais reconnu l'écriture du reçu.

3° Mme Moret nie avoir reçu chez elle la correspondance de M. de Mondion et de Mme Meilhan.

4° Mme Meilhan n'est ni une espionne ni une proxénète, mais une dame très honorable. Elle n'a jamais été condamnée à 5 ans de prison. Un simple examen de son casier judiciaire l'eût établi, mais M. Q. de Beaurepaire accuse, sans se donner même la peine de vérifier si ses accusations sont exactes.

5° Mme Meilhan ne connait pas le général Boulanger.

6° M. de Mondion n'a pas été à Londres.

A part tout cela... M. de Beaurepaire a dit la vérité. Ah ! il sait bien, celui-là, que Bazile ne se trompait pas quand il disait :

Calomniez ! calomniez ! il en restera toujours quelque chose
Que penses-tu encore de cela, ami Jean Pierre ?

— Je pense, ami Jacques Bonhomme, que ce sont là des infamies et que s'il y a encore des juges en France, ils n'hésiteront pas à venger cette pauvre Mme Meilhan. Mais le complot, tu ne m'en a pas encore parlé.

— Le complot ? mais c'est à peine si M. de Beaurepaire a trouvé le moyen d'en dire un mot lui-même. Il parle d'images, de portraits du Général, mis en vente ou distribués, et dont plusieurs auraient été imprimés en Allemagne. La plupart sont peu ressemblants, d'autres ridicules. Mais est-ce la faute du Général si des industriels se sont emparés de sa photographie pour s'en faire une source de bénéfices ? Et peut-on considérer ce commerce comme la manifestation d'un complot ?

Le Général quitte le ministère de la guerre. Des citoyens, des patriotes signent des pétitions pour demander son retour. Cela constitue, pour M. de Beaurepaire, une autre preuve du complot.

II

HENRI ROCHEFORT

Il en voit un autre encore dans la sympathie que porte Henri Rochefort au général républicain.

Il faut te dire, ami Jean Pierre, que Rochefort est la bête noire du Procureur qu'il a arrangé de jolie façon. Entre eux, c'est une querelle personnelle. Rochefort, poursuivi par lui, a été acquitté par le jury, et M. Q. de Beaurepaire se venge. Il déclare que Rochefort a commis le crime de machination secrète. Or, ce crime, est constitué par la série de ses articles. Considère cette *machination secrète* tirée chaque matin a 280.000 exemplaires! Q. de Beaurepaire ajoute :

La conivénce de M. Rochefort résulte, en outre, de ce fait — QU'A AFFIRMÉ UN TÉMOIN PARFAITEMENT HONORABLE, M. ALIBERT — *qu'il a prélevé sur la caisse du complot, dont Dillon tenait la clef, une somme de 100,000 francs, par l'intermédiaire d'une banque Macquart, de la rue Lafayette. Cet argent venait de la banque Kœpelschrœder, de Bâle.*

Depuis longtemps, Rochefort avait démontré la fausseté de cette affirmation. Il n'y a pas, à Paris, de banque Macquart, mais une banque Marcuard, Krauss et Cie, anciennement établie 31, rue Lafayette et qui est située actuellement 29, rue de Provence. Il n'y a pas non plus, à Bâle, de banque Kœpelschrœder, mais une banque Théod. Goppelschrœder.

Or, M. Goppelschrœder, comme MM. Marcuard, Krauss et Cⁱᵉ ont déclaré, à la demande de l'administrateur de l'*Intransigeant* qu'ils n'avaient jamais eu les moindres rapports, soit d'affaires, soit personnels, avec M. Henri Rochefort et qu'ils n'avaient jamais, à une époque quelconque, fait entre ses mains de versement.

Voilà qui est clair et tu peux constater par là le sérieux des accusations recueillies avec tant de complaisance par M. de Beaurepaire.

Enfin, pour accabler Rochefort, son ennemi implacable lui a reproché, en le tronquant perfidement du reste, un article, rédigé en 1871, et dans lequel, avec une grande hauteur de vue, et en se plaçant sur un terrain purement philosophique, le célèbre pamphlétaire flétrissait, non l'armée qui luttait et la population parisienne qui voulait défendre la ville, mais les prétoriens qui livraient Metz, le Bazaine que le gouvernement faisait évader plus tard et que, s'il avait été vivant on eût sans doute fait venir de Madrid pour déposer contre le général.

Et voilà la participation d'Henri Rochefort au complot établie par des arguments irréfutables, n'est-il pas vrai?

III

LE COMTE DILLON

Un peu calmé par cette expectoration de bave nauséabonde, Quesnay passe à M. Dillon. qu'il se contente de diffamer, mais de la belle manière. Le grand crime de ce troisième « accusé » c'est d'avoir donné au commandant du 13ᵉ corps d'armée un chiffre pour sa correspondance, afin que les agents de police du cabinet noir n'y puissent fourrer leur vilain nez.

Pendant une heure, M. de Beaurepaire présente M. Dillon comme un homme déconsidéré, comme un joueur perdu de dettes. Or, à la page 73 des Annexes au rapport est insérée une notice, transmise par la Préfecture, dans laquelle nous lisons :

M. Dillon est membre d'un grand club, il y va fréquemment dans l'après midi et il y est considéré; il joue peu.

Quesnay ajoute que M. Dillon serait sorti de l'armée d'une façon peu honorable. Or, dans le même volume, page 280 et suivantes, se trouve le rapport du Conseil d'enquête chargé d'examiner la conduite de cet ancien officier quand il était chef d'escadron au 1er régiment territorial de cavalerie. Ce rapport est tout à sa louange. M. le général Favé, interrogé par le rapporteur, déclara qu'il avait trouvé en M. Dillon un esprit inventif, qui joignait à de grandes qualités scientifiques, une délicatesse très-rare en matière d'argent. Le rapporteur était M. le lieutenant-colonel commandant le 17e régiment territorial d'infanterie, M. le comte de Vernon Bonneuil.

Et voilà comme chacune des affirmations de M. Q. de Beaurepaire est immédiatement convaincue.... d'inexactitude. Voilà des preuves. Voilà le dossier *qui parle*. Où est le complot, dans tout cela, ami Jean Pierre?

— Pas plus que toi, je ne l'ai aperçu, Jacques Bonhomme. et je commence à croire qu'en effet on a eu tort de condamner le général et ses amis. Mais il y a les détournements...

— Un instant encore. Nous allons y arriver. Auparavant, examinons la seconde inculpation, c'est-à-dire l'attentat.

TROISIÈME PARTIE

L'attentat

I

AFFIRMATIONS SANS PREUVES

Relis soigneusement cette seconde partie du réquisitoire. Elle t'apprendra, grâce aux révélations de M. de Beaurepaire, quels sont les crimes du Général, quels sont les actes qui constituent l'attentat de ce républicain contre la République.

Voici ces machinations infernales, combinées dans l'ombre par Henri Rochefort et exécutées par le genéral Boulanger et ses amis.

1º Le général a été reconduit à la gare de Lyon, après son départ du ministère, par plus de 50.000 Parisiens enthousiastes.

2º Le Général a été élu dans plusieurs départements à la fois.

3º Il a reçu de citoyens de toutes classes, fonctionnaires, ouvriers ou soldats, des marques de confiance ou de dévouement.

4º Il recevait, dans son hôtel de la rue Dumont-d'Urville, près de trois cents personnes par jour.

5º De toutes parts ses amis politiques lui envoyaient de l'argent pour l'aider dans son œuvre.

6ᵉ Le général Ferron a été hué à la revue du 14 juillet 1887.

7º C'est au cri de : « Vive Boulanger » qu ont en lieu les manifestations qui précédèrent et qui accompagnèrent la nomination de M. Carnot.

Il y a cependant autre chose. Alors que le général était encore à Clermont-Ferrand, le chef de gare de Lyon l'aurait reconnu dans un homme *couvert d'un chapeau mou* (horrible détail), et qui, à l'hôtel, s'était fait inscrire sous le nom de M. Salart. Il est vrai qu'on objectera, peut-être, que le voyageur au chapeau mou, reparti le lendemain, était tout simplement un M. Salart qu'il eût été facile de retrouver. On dira peut-être encore que, quand bien même le Général serait allé *incognito* à Lyon, cela ne démontrerait pas le complot. Ecoute Quesnay. Il a réponse à tout :

Vous le voyez, messieurs, dit-il, c'est toujours le même système d'actes apparents et d'actions occultes. LE MATIN, EN UNIFORME A CLERMONT ; LE SOIR, A LYON, EN CHAPEAU MOU.

Et il prend texte de ce racontar pour prétendre que le Général entretenait des relations avec le prince Napoléon. Cela sans aucune preuve. Le chef de gare de Lyon a CRU reconnaître le Général dans un sieur Salart. Immédiatement Quesnay en conclut que le Général allait en Suisse. Et voilà le complot démontré. Ce n'est pas plus difficile que cela. Ni les dénégations du Général, ni les protestations du prince, *qui n'a jamais vu le Général,* ne servent à rien. Quesnay seul dit la vérité.

Il reproche également au Général ses relations avec celui qu'il appelle le *sieur* Laguerre « le sous-officier de la compagnie de Lisieux qui prend tant de peine pour se donner de l'importance » (!) Comme si un Général n'avait pas le droit de choisir ses amis où il lui plaît!... Et puis, autre preuve du complot et de l'attentat, Laguerre lui a envoyé une dépêche de félicitations, le jour où il a été relevé de son commandement. Le voilà, le complot. Cette fois, Q. le tient et « il ne le lâchera pas !... »

Puis il raconte une histoire des *Mille et une Nuits* pour arriver à dire que le Général A RÉCLAMÉ JUSQU'À L'APPUI DE BISMARCK !!! Il prétend, d'après un récit que lui aurait répété le fils de M. de Pressensé, sénateur, que le Général aurait envoyé M. de Cyon, ancien journaliste, à M. Bleichrœder, le banquier de Berlin, pour le prier d'expliquer à Bismarck qu'il voulait tout simplement établir en France une République consulaire.

Est-il nécessaire d'ajouter que ce roman ridicule, qui ressemble au *Roman chez la Portière,* a été formellement démenti par M. de Cyon lui-même. Mais M. de Beaurepaire n'a pas plus tenu compte de ce démenti que des autres.

II

LA CAISSE DU COMPLOT

Précédemment, Q. de Beaurepaire, à propos d'Henri Rochefort, avait parlé de « cette caisse, constituée avec de l'argent étranger, dont Dillon tenait la clef ». En bavardant ainsi, le procureur avait visé l'honorable financier américain, M. Mackay. Celui-ci n'a pas tardé à lui infliger un formel démenti.

Sur sa parole d'honneur, M. Mackay a déclaré qu'il n'avait jamais versé un sou, soit au Général qu'il n'a jamais vu, soit à ses amis.

Du reste, Quesnay a constaté, lui-même, qu'en moins d'une année, le Général a reçu 1.275 lettres chargées.

Ces lettres lui étaient adressées de toutes parts, par des patriotes dévoués, qui voulaient ainsi coopérer au succès de la cause commune.

C'est là ce que Quesnay appelle la « caisse du complot » !

III

L'EMBAUCHAGE

L'une des autres preuves du complot et de l'attentat qui aurait suivi, ce serait ce que M. de Beaurepaire appelle l'embauchage de fonctionnaires et de camelots, embauchage organisé sous les ordres du Général.

M. de Beaurepaire donne comme *embauchés* tous ceux qui, spontanément, ont envoyé au Général l'assurance de leur sympathie et de leur dévouement. Cette partie du réquisitoire n'est qu'une simple reproduction de la déposition du mouchard Alibert.

Embauché, un soldat à qui *deux hommes inconnus* ont payé à boire en lui disant qu'en 1889, une révolution pourrait bien avoir lieu. Embauché aussi l'honorable lieutenant-colonel Vitalis, du 129ᵉ de ligne, auquel on reproche de ne pas avoir traité le *sergent Laguerre* plus durement que les autres sous-officiers. Embauchés le million d'électeurs qui ont voté pour le chef du Parti National.

M. Q. de Beaurepaire nomme même, comme embauchés, des officiers qui n'existent pas! Il accuse M. le baron de Watteville d'avoir tenté de corrompre deux militaires, et il prétend que M. de Ménorval, conseiller municipal de Paris, raccolait les soldats aux portes des casernes. Tout cela sur la foi de rapports de police. MM. de Watteville et de Ménorval protestent, bien entendu, mais M. de Beaurepaire n'en a cure.

Un témoignage peu suspect de tendresse à l'égard du général Boulanger, ce fut, sans contredit, celui de M. le général Saussier, gouverneur militaire de Paris, lequel est son ennemi personnel. Eh! bien, lorsque M. Saussier a été interrogé par la Commission d'instruction au sujet de ce fameux embauchage, qu'a-t-il répondu? Qu'il n'avait eu connaissance d'aucun fait de ce genre. La question peut, après cela, être jugée n'est-ce pas?

IV

DÉMENTIS SUR DÉMENTIS

Après avoir refait, contre la Ligue des Patriotes, le réquitoire du substitut Lombard, — oubliant, à dessein, l'acquittement qui l'a suivi et faisant de l'organisation dernière de la Ligue, le *premier acte d'exécution de l'attentat* (!) — M. Q. de Beaurepaire aborde la manifestation de la gare de Lyon, *qu'aurait organisée Rochefort* (!!)

Entre parenthèses, il raconte que le journal *la Presse* avait donné rendez-vous à la foule. Or, à cette époque, ce journal n'existait pas!!! Comment l'aurait-il fait, puisqu'il n'était pas né ?

Aux yeux du procureur, cette manifestation est le second acte d'exécution de l'attentat. Il reproche au Général de ne pas « avoir fendu les 50,000 personnes qui occupaient les quais après avoir brisé les portes » et de ne pas être rentré dans Paris.

Il est probable que si le général Boulanger était parvenu à agir de la sorte — ce qui lui eût été matériellement impossible — le même procureur lui reprocherait d'avoir piétiné sur les ordres de ses chefs et obéi au désir révolutionnaire de la populace...

Les incidents du 14 juillet 1887 représentent l'autre acte constitutif de l'attentat, celui que Quesnay considère comme la principale charge — accablante du reste — contre l'inculpé. Tu vas voir ce qu'elle vaut, ami Jean Pierre.

C'est ce jour-là que le général Ferron, passant à Longchamps la revue des troupes, fut accueilli par d'innombrables cris de : « Vive Boulanger. » M. de Beaurepaire |prétend que le général Boulanger était venu clandestinement à Paris et que « caché chez une femme Pourpre, boulevard Malesherbes, 155, il attendait, pour se montrer, que l'émeute fût triomphante. »

Arrêtons-nous un peu pour examiner cette affirmation, car elle constitue la base de l'accusation, et si j'en démontre la fausseté, l'accusation tombera d'elle-même.

M. Quesnay s'appuie sur le témoignage de deux personnes tout aussi honorables que le mouchard Alibert. Quatre autres témoins sont bien disposés à corroborer son assertion, mais Quesnay n'en nomme aucun, car il craint que le Général ne les achète. Et voilà l'opinion que le magistrat a de ses propres témoins ! Voilà la valeur morale qu'il leur suppose !

Or, au moment même où ces « honorables témoins » voyaient le Général à Paris, il était sur son lit, malade, à Clermont-Ferrand, et je vais, ami Jean Pierre, te le prouver irréfutablement.

1º Le 14 juillet 1887, Mme Pourpre, odieusement calomniée par M. de Beaurepaire, ne pouvait être boulevard Malesherbes. 155, par cette bonne raison qu'elle avait quitté cette maison depuis septembre 1886, c'est-à-dire depuis près d'un an, et qu'en outre elle était en voyage dans le département de l'Aisne, a Coucy-le-Château, avec une personne de sa famille, pour amener cette dernière à la conclusion d'un acte passé chez Mᵉ Gibert, notaire, lequel aurait pu en témoigner.

2º L'appartement occupé antérieurement, boulevard Malesherbes, par Mme Pourpre, est habité, depuis le 5 mars 1887, par M. Émile Bruet, capitaine de cavalerie en retraite.

3º Ces faits ont été confirmés au commissaire de police **Clément** par M. Léon Quimène, concierge de la maison.

4° Voici un témoignage irréfutable. C'est celui de M. le colonel Chevroton, chef d'état-major du 13ᵉ corps d'armée. Ce témoignage d'un officier supérieur en activité de service, est au-dessus de tout soupçon. Or, M. le colonel Chevroton, dans une lettre rendue publique, a certifié qu'à la fin de la revue, passée le 14 juillet 1887, à Clermont-Ferrand, par le général Demay, il est allé, après avoir pris les ordres de ce dernier, rendre compte au général Boulanger de ce que la revue avait eu lieu sans incident.

5° M. G. Tessier, le sergent du 92ᵉ de ligne qui montait la garde, le 14 juillet 1887, au quartier général de Clermond-Ferrand, a juré sur l'honneur que le Général était ce jour-là au quartier général.

6° Enfin, il n'est pas jusqu'à un agent de la police politique, nommé A. Perrenoud, 81, rue Ordener, à Paris, qui n'ait été révolté par les fausses allégations de M. de Beaurepaire. Cet agent était chargé d'établir un service de surveillance *très-serré* autour de l'hôtel de l'état-major. Or, voici qu'il dit :

J'ai signalé, dans mes rapports, la présence du général à Clermond-Ferrand le jour de la Fête nationale. J'atteste que le 14, et je dis et écris : QUATORZE JUILLET MIL HUIT CENT QUATRE-VINGT SEPT, *le général était à Clermond-Ferrand.*

Voilà, n'est-ce pas, Jean Pierre, plus de preuves qu'il n'en fallait. Rappelle-toi les propres paroles de M. Q. de Beaurepaire :

Ce point, tout le monde le comprend, est CAPITAL. *Si, en effet, Boulanger était à Paris, chez la dame Pourpre, Boulanger est l'homme du coup de main, et je n'ai plus rien à démontrer du tout.*

En effet, M. de Beaurepaire n'a plus rien à démontrer. La cause est-elle entendue, Jean Pierre?

— Oh! oui. Mille fois entendue, Jacques Bonhomme. Tout cela est irréfutable. Décidément il n'y a jamais eu plus d'attentat que de complot, et la condamnation qui a frappé le Général sous ces deux inculpations est monstrueuse.

— Du reste, jamais le Général a-t-il eu les allures d'un conspirateur? On ne pourrait que lui reprocher, au contraire, d'avoir toujours agi trop ouvertement et d'avoir donné comme cela des armes toutes forgées à ses adversaires. Quesnay l'a bien senti. C'est pour cela qu'il a cherché à établir « qu'aujourd'hui, il ne peut y avoir de complot sans l'emploi du suffrage universel et de la presse ». Singulier complot, celui qui emploie pour réussir la discussion des idées au grand jour et le bulletin de vote.

L'impudence de M. de Beaurepaire n'a-t-elle pas été jusqu'à reprocher au Général de s'être glorifié de la fabrication des fusils Lebel?

QUATRIÈME PARTIE

La Concussion

I

QUELQUES RÉFLEXIONS

Tu n'as pas oublié, ami Jean Pierre, les dernières séances de la Chambre. Successivement tu vis, sur la sellette, les plus beaux ornements de ce Ministère, sur les injonctions duquel le Sénat vient de condamner le Général et ses amis.

Ce fut d'abord Thévenet, le boîteux Thévenet, l'ami et le protecteur de Jacques Mayer et de la belle Rosalie, d'un escroc et d'une fille qui tenait à Lyon un tripot mal famé.

Ensuite ce fut le tour de Rouvier, l'ancien failli de la Compagnie auxiliaire des chemins de fer; celui dont l'austère Brisson disait jadis, dans *le Siècle*, que son arrivée aux affaires serait une honte pour la France et que les femmes des ambassadeurs et des députés ne pourraient être reçues par un dignitaire qui habitait. non une maison honnête, mais un aquarium.

Enfin arriva le tour de Constans, du saucissonnier Constans (10,000 francs le saucisson); de Constans, l'associé du malheureux Puyg y Puyg et de l'escroc Baratte; de Constans, l'ami de Buret; de Constans, l'homme à la ceinture et aux présents du roi Norodom; de Constans, enfin, flagellé par le rapport vengeur du regretté Richaud, mort très inopinément du choléra au moment où il rentrait en France pour démasquer ce personnage. A toute cette bande, le Général et ses amis avaient arraché le masque. Assoiffés de vengeance, les misérables tripoteurs imitèrent le truc de Lacenaire se sauvant à toutes jambes en criant : « A l'assassin! » après avoir tenté d'égorger un garçon de Banque.

Ils accumulèrent, contre l'honneur du Général, les imputations les plus infâmes et, sûrs qu'ils étaient de leur Sénat, ils se proposèrent de le lui livrer pieds et poings liés.

Heureusement pour lui, le Général eut le bon esprit de ne point se laisser conduire à cet abattoir d'un nouveau genre.

Le Sénat constituait, comme je te l'ai démontré tout à l'heure, un tribunal exceptionnel, dont les membres étaient en même temps juges et partie. Si le Général était resté ou s'il fût revenu, c'était pour lui l'égorgement... avec phrases. Or, il n'a cessé de réclamer une juridiction ordinaire et dernièrement à Londres, il disait encore à des marins français, qui étaient allés là bas lui serrer la main : « Si l'on nous avait traduits devant un conseil de guerre, une Cour d'assises, une Cour d'appel ou la police correctionnelle, nous eussions pris le premier bateau et nous nous fussions présentés devant nos juges. »

Vois-tu, Jean Pierre, non seulement les preuves de l'innocence du Général eussent dû ouvir les yeux des sénateurs; mais de plus ceux-ci étaient incompétents pour le juger comme ils l'ont fait. C'est pour cela que soixante d'entre eux environ, plus impartiaux que les autres, ont refusé de prendre part à ces étranges et abominables débats où l'on n'a voulu entendre que l'accusation, sans tenir aucun compte de la défense.

C'est notamment, pour cette question de la concussion, que le Conseil de guerre aurait dû connaître des faits reprochés au Général.

Mais, du Conseil de guerre, ils ont eu peur et ils n'ont osé le convoquer, CAR, JUGE PAR SES PAIRS ET NON PAR DLS BOURREAUX, LE GENERAL EUT ETE ACQUITTE.

Ce système est très commode. Quant ils sont sûrs des juges, ils leur livrent le Général. Quand ils ne sont pas sûrs d'eux, ils le leur retirent.

Néanmoins, comme c'est sur cette question de la concussion qu'ils s'appuient pour essayer de déshonorer le Général, étudions-là un peu.

II

LA VÉRITÉ SUR LAFFAIRE DES TABLETTES DE CAFÉ

Le premier des deux faits qui pourraient avoir une réelle importance s'ils n'étaient complétement faux, c'est celui-ci : L'escroc Buret se serait entendu avec le Général, au moment où ce dernier commandait en chef à Tunis, et tous deux auraient convenu de partager nn pot-de-vin de deux cent dix mille francs, si le Général faisait expérimenter dans sa division et accepter par le Ministère, un système de tablettes inventé par un sieur Maréchal.

L'accusation est entièrement basée sur un engagement signé par M. Maréchal, où le procureur a relevé cette phrase : « En attendant que je redevienne libre de mes mouvements et pour répondre au désir DE G. que vous me manifestez dans votre télégramme, je m'engage, etc. »

M. de Beaurepaire, s'appuyant sur le faux témoignage de l'agent Buret, affirmait que le tiers désigné par M. Maréchal n'était autre que le Général : » *Voilà, s'écria-t-il, le point qui est à examiner,* PARCE QU IL PEUT ASSURÉMENT S ÉLEVER COMME UNE OBJECTION EXTRÊMEMENT SÉRIEUSE.

Or, le Général — est-il donc besoin de le dire? — n'avait rien de commun avec l'intermédiaire désigné par l'initiale G. L'engagement signé par M. Maréchal était une réponse à un télégramme, que M. de Beaurepaire s est bien gardé de faire rechercher dans les archives du Ministère des Postes et Télégraphes. Et ce télégramme, le voici :

Pour Clichy, de Paris, n° 80.052. Mots 23. Dépôt le 27 juillet 1885 à 4 h. 25 s. Boulanger obtiendra sursis m'en charge. Pensez à notre traité avec G. qui le demande.

BURET.

Ce télégramme établit indiscutablement que le général Boulanger n'a rien de commun avec le G, qui devait partager avec l'escroc Buret le pot-de-vin de deux cent dix mille francs, pour cette affaire à laquelle était étroitement mêlé le baron Jacob de Reinach, oncle de l'affreux petit juif hambourgeois qui préside aux destinées de la *République française.*

La vérité, c est que les expériences eurent lieu, qu'on trouva le café de M. Maréchal détestable et que le Général envoya promener M. Maréchal — au grand désespoir du grand et du petit Reinach.

III

LA VÉRITÉ SUR L AFFAIRE DES ÉPAULETTES

Le premier des faits articulés par M. de Beaurepaire est donc réduit à sa juste valeur, n est-ce pas ami Jean Pierre?

— Oui. Je n'ai plus aucune objection à formuler et je suis convaincu que l'on a odieusement calomnié le Général, en le croyant capable d'avoir tripoté avec ce misérable Buret.

— La seconde inculpation n'est pas plus sérieuse que l'autre. Cette fois, il s'agit d'une fourniture d'épaulettes. Le Général aurait mis son autorité et sa fonction au service d'un marchand d'épaulettes nommé Dupuy, moyennant une commission de vingt centimes par paire, à partager entre lui et ce même Buret.

Naturellement, cette histoire est juste aussi vraie que celle des 100,000 francs qu'aurait touchés Rochefort, ou des 32.000 francs détournés par le Général et qu'il s'était borné à remettre à l'honorable M. de Mondion pour prix de services rendus en Allemagne.

Pour s'en assurer, îl n'y a qu'à se reporter à la déposition faite par le marchand lui-même devant la commission de la Haute-Cour. Buret lui proposa bien de faire agir, dans son intérêt, l'influence de M. Clémenceau, de M. Granet, du général Boulanger et de plusieurs autres, mais à son avis l'escroc se vantait d'un crédit chimérique. Jamais M. Dupuy ne s'est trouvé en relations avec le général Boulanger. Au surplus, voici la déclaration catégorique qu'il a faite à un rédacteur de la *Petite Republique française* :

Je nie de la façon la plus formelle les allégations établies . dans l'acte d'accusation... et je mets au défi le Procureur général de m'appeler comme témoin, soit devant la Haute-Cour, soit devant toute autre juridiction.

Le démenti de M. Dupuy n'est pas le seul que se soit attiré M. de Beaurepaire. Il y a aussi celui de M. Granet qui affirme que le jour où il parla au Général de l'affaire des épaulettes, ce dernier lui fit cette réponse : « Ces sortes de choses ne me regardent pas. Dites à M. Dupuy d'aller trouver le directeur compêtent. Je ne veux pas me mêler de cela. »

Enfin, il y a mieux encore. C'est que, lorsque le marché de 30,000 paires d'épaulettes a été conclu entre le commerçant et l'administration de la guerre, le Général avait quitté le Ministère et était à Clermont-Ferrand. Ce marché a été passé par son successeur, le général Ferron.

Et malgré cette pluie de démentis, malgré la déposition de témoins, véritablement honorables, ceux-là, malgré l'évidence même, M. Q. de Beaurepaire a persisté à accuser le Général — et les sénateurs, n'écoutant que leur haine, ont condamné : En politique il n'y a pas de justice.

IV

LES DÉTOURNEMENTS

Nous arrivons, maintenant, à la dernière partie du réquisitoire — la plus abominable. C'est celle dans laquelle M. de Beaurepaire accuse le Général d'avoir tripoté avec les fonds secrets comme un simple Constans.

Dans sa défense, qui est des plus péremptoires, le Général a déjà fait bonne justice de toutes ces ignominies. Mais tu n'as peut-être pas lu cette défense, Jean Pierre, parce que le Ministère, pris de panique à l'idée que l'*accusé* allait se justifier publiquement, a donné à sa police l'ordre de l'arracher dès qu'elle a été affichée.

Lorsqu'il fut interrogé par la Commission d'instruction le général Ferron fut obligé de reconnaître que la comptabilité du général Boulanger, comptabilité secrète ou publique, était parfaitement en règle. Il ne fit de réserve que pour les 32,000 fr., ignorant qu'ils avaient été remis à l'honorable M. de Mondion. En outre, dans une conversation avec un de ses camarades, conversation que M. Ferron n'a pas démentie, bien qu'elle eût été rendue publique, il a prononcé ces paroles qui justifieraient amplement le général Boulanger, si le soupçon pouvait l'effleurer : « Tu me connais. Je me suis fait passer exactement la consigne et l'on a *pesé* devant moi la réserve. Il n'y manquait rien. Je t'assure que si j'avais pu constater un déficit quelconque, je me serais fait un devoir de le signaler de suite. J'AI DU M'INCLINER ET SIGNER LE REÇU. »

Le réquisitoire prétend cependant que le Général aurait détourné une somme de 242,693 francs au profit de la presse amie. Or, si Q. de Beaurepaire admet qu'un ministre de l'intérieur a le droit de donner des fonds à la PRESSE SÉRIEUSE — eci c'est pour Constans — il ne peut tolérer que l'argent du pays ait servi à subventionner des journaux dévoués à un Ministre de la guerre.

Il va sans dire que cette nouvelle accusation est aussi fausse que les autres. Le Général n'a subventionné aucun journal mais il a organisé — c'était au moment de l'incident Schnœbelé — un service de renseignements à l'étranger pour lequel des journalistes lui ont servi parfois d'intermédiaire Peut-on donc lui reprocher un excès de patriotisme ?

Pendant qu'il était au ministère. plus de 300 journaux rendaient hommage à son mérite et à la façon dont il procédait au relèvement national. Or, cela ferait à peu près 809 francs par journal. Vraiment ces journaux auraient vendu leur indépendance à bon marché. Tout cela n'est-il pas ridicule et méprisable ?

Le Général a tenu une comptabilité rigoureuse de l'emploi de l'argent qui lui était confié. Il n'y était nullement obligé. Cette comptabilité, il eût eu le droit de la brûler. Il l'aurait certainement brûlée s'il avait été coupable. Au lieu de cela, qu'a-t-il fait ? Il l'a confiée au sous-intendant Reichert en le priant de la garder soigneusement.

C'est chez cet officier que la police l'a saisie, après que Q. de Beaurepaire eût arraché son secret à M. Reichert, au moyen des plus abominables procédés d'intimidation.

Il est faux que le Général ait eu plus d'argent à sa disposition que ses prédécesseurs. D'autre part, s'il a été obligé d'entamer légèrement, en 1886, le fond de réserve, c'est parce que la guerre était à craindre à la suite de l'incident Schnœbelé et que le service de renseignements avait absorbé 80,000 francs de plus que ses dotations habituelles. L'année suivante, le Général donna du reste, l'ordre de faire des économies pour boucher le trou.

L'emploi de chaque dépense a été relaté dans la comptabilité.

Outre ces 80,000 francs, le Général a prêté 140,000 francs au Cercle militaire — cette institution dont tous ses successeurs ont reconnu l'utilité et enfin, le reliquat de la somme que le Général aurait détournée, d'après M. de Beaurepaire, reliquat s'élevant à 58,500 francs, son successeur l'a trouvé intact dans la caisse.

Qu'ajouterai-je, ami Jean Pierre? Est-il nécessaire de t'apprendre encore que le 31 décembre 1886 le Général, conformément à l'usage, avait rendu ses comptes au président de la République, qui les avait complétement approuvés? Tu entends bien, ces comptes, il les avait approuvés.

Faut-il ajouter que M. de Beaurepaire, dans sa haine impudente, a osé considérer comme détournée par « l'entourage » du Général, 120,000 francs qui ont été régulière.ment affectés aux veuves et aux enfants de militaires, aux amputés et à ceux qui se sont dévoués pour la Patrie ET QUE TOUS LES REÇUS QUI LE CONSTATENT EXISTENT AU MINISTÈRE DE LA GUERRE. Cela n'a pas empêché ce sous-Contans de calomnier un honorable officier, comme M. le capitaine Driant, d'irréprochables fonctionnaires comme MM. Maillard et Dagen. Et ce qui prouve que les affirmations de M. de Beaurepaire, à leur sujet, ne reposent sur rien, c'est que tous ont été maintenus dans leurs grades ou leurs fonctious c'est-à-dire qu'on n'a pas trouvé le moyen de pouvoir les inquiéter.

— En voilà assez, Jacques Bonhomme. L'innocence du Général est absolue et ceux qui l'ont condamné sont des misérables.

— Sans compter que, conformément à ce que je t'ai déjà fait remarquer, ils n'avaient même pas le droit de le juger. M. le sénateur Wallon, le père de cette Constitution, dont le Général demande la revision, M. Wallon, dont l'opinion doit bien avoir une certaine valeur; M. Wallon qui est peu suspect de sympathie pour le Général n'a pas hésité à se prononcer lui-même contre la compétence du Sénat en matière de complot. Et quant à la concussion, elle relevait, comme tu le sais, du Conseil de guerre.

Il n'y a eu, enfin, ni attentat, ni complot, ni concussion. Et il s'est trouvé des hommes politiques sans conscience pour envoyer à Nouméa, comme Gilles, Abadie et Moyaux, ces trois accusés dont le seul crime consistait à s'être déclarés leurs adversaires!

C'est au peuple, au suffrage universel, qu'incombe le devoir de cs venger.

V

CONCLUSION

— Nous les vengerons, Jacques Bonhomme. Nous les vengerons avec nos bulletins de vote.

— Un mot encore, ami Jean Pierre. Je terminerai par le simple rapprochement des appréciations formulées sur le jugement par la presse étrangère. Tous les journaux allemands : la *Post*; la *Gazette d'Allemagne du Nord*; la *Gazette de Magdebourg*, applaudissent des deux mains et couvrent de fleurs M. de Beaurepaire.

La *Gazette de Weser* est plus explicite :

Nous devons reconnaître, dit-elle, que le jour où le général Boulanger a pris possession du ministère de la guerre, l'armée française a repris confiance et a eu conscience de sa force; depuis ce jour, la France traite d'egale à égale avec l'Allemagne et n'est plus la nation vaincue qui tremblait devant nous.

Et après avoir reproduit avec joie les appréciations de plusieurs journaux opportunistes, la feuille gallophobe termine par ces mots :

La condamnation réjouira tous les honnêtes gens.

Tandis que les Allemands s'esbaudissent ainsi de la besogne faite par les opportunistes, les Russes, nos seuls alliés en Europe, qualifient sévèrement le Sénat et le procureur qui a souillé sa robe. Parlant de M. Q. de Beaurepaire, le journal russe, le *Novosti*, imprime ces lignes indignées :

Un pareil magistrat, dit ce journal, aurait été, à Saint-Pétersbourg, immédiatement chassé de son siège, car le mensonge et l'infamie ne doivent pas trouver place dans l'œuvre de la justice.

Ce procureur n'est pas seulement, en effet, la honte de la magistrature française, il est l'opprobre de tous ceux qui, dans n'importe quel pays, rendent la justice.

Oui, vengeons les condamnés de la Haute-Cour. Travaillons à faire rentrer en France le « mauvais soldat » qui compte à son actif 28 années de service, 20 campagnes, 2 citations à l'ordre du jour et qui a reçu, pour la patrie, trois blessure sur les champs de bataille. Travaillons à faire rentrer en France ses deux principaux lieutenants, MM. Henri Rochefort et Dillon, ces vaillants lutteurs, frappés injustement parce qu'ils ont voulu débarrasser la France de la tourbe qui la déshonore. Mais travaillons utilement pour atteindre ce résultat, ami Jean Pierre, et n égarons pas nos voix.

Sans la loi sur les candidatures multiples, le Général eût été élu dans presque tous les arrondissements de France. Ne pouvant voter pour lui, il faut voter pour les candidats qui le remplacent et qui se présentent en son nom. Pas d hésitation, Jean Pierre, et la victoire est à nous.

VIVE BOULANGER !

FIN

IMP. DES JOURNAUX DES ARRONDISSEMENTS DE PARIS

TOLLET, gérant, 6, rue Vivienne (Galerie Vivienne Esc. 70).

www.ingramcontent.com/pod-product-compliance
Ingram Content Group UK Ltd.
Pitfield, Milton Keynes, MK11 3LW, UK
UKHW021209230726
13926UKWH00001B/417